Reflexões
para uma vida plena

Reflexões
para uma vida plena

Ken O'Donnell

Copyright © 2009 Ken O'Donnell
Copyright © 2009 Integrare Editora e Livraria Ltda.

Publisher
Maurício Machado

Supervisora editorial
Luciana M. Tiba

Coordenação editorial
Fernanda Marão

Preparação de texto
Sandra Brazil

Revisão de provas
Marisa Rosa Teixeira

Projeto gráfico de capa e miolo
Alberto Mateus

Diagramação
Crayon Editorial

Dados Internacionais de Catalogação na Publicação (CIP)
(Câmara Brasileira do Livro, SP, Brasil)

O'Donnell, Ken
Reflexões para uma vida plena / Ken O'Donnell. - São Paulo : Integrare Editora, 2009.

Bibliografia.
ISBN 978-85-99362-44-0

1. Conduta de vida 2. Consciência 3. Espiritualidade 4. Humanidade 5. Raja yoga 6. Reflexões I. Título.

09-11424   CDD-294.5436

Índices para catálogo sistemático:
1. Meditação : Dinâmica espiritual : Raja yoga   294.5436

Todos os direitos reservados à INTEGRARE EDITORA E LIVRARIA LTDA.
Rua Tabapuã, 1123, 7º andar, conj. 71/74
CEP 04533-014 - São Paulo - SP - Brasil
Tel.: (55) (11) 3562-8590
Visite nosso site: www.integrareeditora.com.br

Sumário

Introdução 9

paz 13
Sou um ser de paz 14
Ser natural 15
Sem preocupações 16
Ser um observador desapegado 17
A atenção remove a tensão 18
Medo da morte 19
Entrando no olho da tempestade . . . 23

amor 27
Aprender a amar a si próprio 28
Dar é receber 29
Se quero respeito, preciso respeitar . . 30
Colocar os outros na frente 31
Perdoar e esquecer 32
Equilíbrio entre amor e lei 33
Amar o esforço espiritual 34
É preciso dois para brigar 35
Vestir-se com autorrespeito 39

felicidade 43

A felicidade é o melhor alimento 44
O entusiasmo é o oxigênio da vida 45
Em tudo há benefício 46
O passado é o passado 47
As bases da felicidade 48
Não pare diante dos obstáculos 51

poder 55

Saber recarregar a bateria 56
Não basta entender; é necessário ter força 57
Ser independente é estar livre da escravidão . . . 58
Manter a mente bem ocupada 59
O tempo é um tesouro valioso 60
Permanecer no caminho 61
Apesar de... 64
Além do corpo 67

virtudes 73

A introspecção é a mãe de todas as virtudes . . . 74
Quando ser adulto e quando ser criança . . . 75
A tolerância abriga 76
Saber se dobrar sem se quebrar 77
Ser autêntico 78
Ter a visão das qualidades dos outros 79
Imagem verdadeira, ação verdadeira 80

percepção 85
Os obstáculos existem para nos tornar sensatos . . 86
Entender o "eu". 87
Não criar montanhas de sementes de mostarda . . 88
Evitar dar desculpas 89
As coisas só têm força quando são usadas
em seu contexto 90
Definições não bastam 93

comportamento 97
Manter uma meta elevada 98
Ser simples 99
Falar menos e escutar mais 100
É só após plantar a semente que vem o fruto . . 101
Continuar progredindo 102
Ninguém coopera com o ego 104
O que você faz? 107

Introdução

A vida, tão cheia de surpresas e de mistérios, abraça com toda força aquele que sabe abraçá-la.

O relacionamento que temos com ela não pode ser apenas teórico, embora ela tenha tanto a nos ensinar. Tampouco pode ser só emocional, apesar de ela estar pulsando de todo o coração em cada momento.

Movidos pelo entendimento e pelo sentimento das lições que se evidenciam a todo instante, podemos aprender a dançar seu ritmo presente e vigoroso. Não tropeçar por trás dos acontecimentos nem ser empurrado por eles para a frente.

Tratei de colocar neste livro as principais lições que aprendi e continuo a aprender sobre a vida, como estudante de Raja Yoga — o *yoga* de desenvolvimento espiritual ensinado pela Universidade Espiritual Mundial Brahma Kumaris da Índia. A vida é a chama onde mergulho e ponho fim à separação de longos tempos.

Sempre fui fascinado por contos, principalmente por aqueles que têm uma forte mensagem. Há 25 anos venho treinando para interpretar os sinais que as situações apresentam; tais sinais sempre vêm acompanhados por uma mensagem no imperativo: "Faça isto"; "Faça aquilo"; "Espere"; "Siga em frente"; "Ouça"; "Examine melhor". É como se as situações ostentassem cartazes com esses dizeres. Não tenho a menor dúvida de que o estudo e a prática dos ensinamentos de Raja Yoga da Brahma Kumaris ajudaram-me a ver e a entender as circunstâncias comuns, e incomuns, com percepção mais profunda.

No fim de cada capítulo apresento histórias baseadas nas minhas experiências pessoais, e outras colhidas ao longo do caminho. Ao final de cada uma delas, acrescento em *itálico* algumas reflexões a respeito de seus significados. Aproveitem!

Andava só, ilhado pelos próprios pensamentos,
as palhas dos problemas agarradas a mim.
As mãos fechadas, o destino maior impedido.
Atirei-me no fogo do amor e vi que somente
as palhas são consumidas.
A casca de máculas se derrete e revela o
ser intocado.
Qual é o sacrifício se apenas o inútil se queima?
E suas chamas iluminam o caminho retilíneo
da plenitude.
Que perdas há?
Se a minha fortuna se acende de vez
e sua luz desfaz o poder das antigas sombras
endeusadas no altar de uma mente cega?
No espelho do saber, apenas a verdade se reflete
dignamente.
Apenas aquele que se livra da carga tem a leveza
de se ver.

paz

O mundo não dá espaço para a
inocência que alimenta nossos sonhos.
Acordei e pensei que estava sonhando,
pois vi o belo que se oculta no feio.
Sonhei e me senti acordado,
pois vislumbrei o resultado
da minha própria beleza de ser.
Que a inocência acorde e me leve de
volta à paz original e imaculada.
O que veio depois jamais muda
o primeiro momento da existência.
Enfim, sonho voltar ao que fui,
acordo para sentir mais que possuir,
ser mais que fazer.

Sou um ser de paz

Paz é o meu estado natural, o ponto de referência do ser que serve para medir o que não é paz.

Assim como a febre indica um quadro anormal no corpo, a perda da paz mostra que o ser está em desequilíbrio. A temperatura alta denota a luta do organismo para expelir algo estranho, algo que não lhe pertence. Do mesmo modo, a falta de paz não é uma simples luta contra os elementos que se infiltram no meu mundo interior e começam a me esquentar. É a própria paz que reside em mim que diz: "Você não faz parte da minha natureza. Por favor, saia daqui!"

Por que não posso reconhecer que possuo um termômetro embutido em mim que me diz que uma situação é boa ou ruim, violenta ou pacífica, doce ou amarga? O que isso pode ser, exceto a voz do meu estado natural que exerce seu poder de discernimento? A tensão do conflito entre o natural e o estranho cria o barulho dos pensamentos, que não me permitem perceber o pano de fundo de silêncio.

Não importa quanto as pessoas e as situações me puxem para fora do barco da evolução espiritual, preciso me segurar ao mastro da paz.

Ser natural

O esforço espiritual não está em adquirir poderes e virtudes externos, que nunca fizeram parte do eu interior, ou estender as mãos dos pensamentos para agarrar sonhos, como as palhas da existência. Não é curvar a cabeça e o mundo interno diante da pureza ou da beleza de outro ser ou entoar frases de liberação sem se empenhar em cortar as cordas que você mesmo amarrou.

A verdadeira reverência não é reconhecer a grandeza de alguém e negar a sua própria. A reverência está em enxergar suas qualidades mais intrínsecas e resgatá-las.

Apostamos nossos esforços em padrões e normas de comportamento enquanto estereotipamos os ideais. Procuramos ser bons desta ou daquela maneira e ignoramos nossa própria bondade.

Ser natural é fazer o que sei estar correto e não simplesmente o esperado.

Não tenho de tornar-me algo que nunca fui, mas voltar a ser o que sempre fui. Um ser de paz.

Sem preocupações

As coisas acontecem por três motivos:

1. Para testar meu nível de desenvolvimento espiritual.
2. Para acertar alguma conta do meu passado.
3. Para me ensinar algo e apontar o caminho.

Com o que tenho de me preocupar se me ocupo em atender a essas três exigências? Não apenas vou afastar a preocupação, mas o controle que isso me traz, o sentimento de um rei benigno governando seu reino em paz.

A preocupação reside apenas na falta de preparo que nasce da incerteza. Se eu tratar tudo com consideração e der mérito a quem merece, a vida entrará em sintonia comigo, e eu não terei de correr para acompanhá-la.

Quando tenho a companhia Daquele que é a autoridade todo-poderosa e vê o histórico e as consequências de cada momento, com o que vou me preocupar? Se ponho as rédeas da minha mente em Suas mãos de luz, a direção certa será óbvia.

Contudo, não devo confundir despreocupação com descuido.

Ser um observador desapegado

No corre-corre de todos os dias preciso parar de vez em quando para recarregar as baterias internas e colocar tudo na sua perspectiva correta. A prática de levar os pensamentos além daquilo que está acontecendo é fundamental para tomar o pulso da situação e das pessoas e organizar os pensamentos, as palavras e as ações. Esse vaivém consciente tem a funcionalidade de uma roupa folgada.

Se preciso estar presente e concentrado, posso vestir-me de atenção. Mas, se não é necessária a minha participação atenta, posso retirar-me para o estado de observador desapegado. Não somente um observador, um membro da plateia da peça da vida que se deixa levar pelas emoções do momento, mas também o desapegado que foi tão além que não tem como voltar.

Desapego consciente não é ignorar ou afastar-se das cenas e das pessoas, e sim não ser afetado negativamente por elas. Tenho de ser desapegado para amar incondicionalmente. Tenho de saber amar para servir.

A atenção remove a tensão

Num mundo de tantas tensões, é possível desfrutar a paz e a tranquilidade internas.

Se me mantenho atento às prioridades do meu desenvolvimento espiritual e vejo claramente que a minha resistência interna é muito mais forte que as pressões que me cercam, posso aprender a viver em paz.

Tenho de prestar atenção a três aspectos:

1. Pensamentos: precisam ser os mais positivos e leves possíveis, para que o intelecto possa receber informações mais objetivas. Assim, o trabalho de julgar e discernir torna-se mais fácil.
2. Palavras: são as responsáveis por criar um clima de harmonia ou de conflito — a escolha de cada uma delas é minha.
3. Ações: se há ordem, precisão e tranquilidade na hora de agir, a tensão da desconfiança desaparece.

Ninguém mais pensa por mim. É por isso que estou me sentindo tenso. Não importa qual a situação, estou dando a mim mesmo um sofrimento desnecessário.

Se eu permito que pensamentos elevados fluam de minha mente, já começo a acumular, no meu registro interno, ânimo, coragem e clareza.

Medo da morte

— Quem fala aqui é o capitão. Atenção para o sinal de apertar os cintos. Há um pequeno problema na turbina da asa esquerda, mas está totalmente controlado. Somos todos muito bem treinados para lidar com esse tipo de situação.

Esse anúncio confirmou o que nós todos já desconfiávamos, depois do ruído que ouvimos durante meia hora. O pequeno avião regional num voo de três horas pelo estado do Amazonas, de Manaus a Tabatinga, na fronteira entre o Brasil e a Colômbia, estava com problemas.

O pior de tudo é que estávamos a centenas de quilômetros de qualquer aeroporto, cercados por assustadoras nuvens de tempestade. Olhando embaixo o vasto tapete verde bordado com tortuosos filetes de água, lembrei-me de ter ouvido dizer que toda a Europa poderia ser engolida pela floresta amazônica, sobrando ainda espaço. Essa reflexão originou outro pensamento urgente: nosso avião chacoalhava tanto que poderíamos ir parar nessa mesma vastidão.

De repente, as máscaras de oxigênio começaram a cair, e a comissária tentava ajudar os atônitos passageiros a colocá-las no rosto. Novamente ouvimos o alto-falante:

— Houve uma queda de pressão na cabina. Por favor, ponham as máscaras na boca e no nariz e respirem normalmente.

Como se alguém fosse capaz de fazer qualquer coisa normalmente naquele momento! O gosto amargo do oxigênio produzido quimicamente agrediu minha garganta e meus pulmões. O medo percorria o avião como uma descarga elétrica. A comissária tentava inutilmente disfarçar seu próprio medo, correndo de um passageiro a outro para tentar acalmá-los.

— Oh, meu Deus, nós vamos cair — murmurou uma senhora a meu lado. Alguém atrás começou a rezar enquanto outro não parava de soluçar. O homem da poltrona à minha frente entrou num silêncio absoluto, com os olhos fixos, enquanto seu vizinho murmurava coisas ininteligíveis sob a máscara. Todos os filmes e notícias sobre os índices quase zero de sobrevivência em quedas de avião ocupavam o subconsciente coletivo. Uma guinada violenta para a esquerda trouxe o mesmo pensamento a todos: é agora!

Minha única reação foi munir-me do poder acumulado pela prática diária de meditação de tantos anos; quando medito, vou além do corpo físico e das situações deste plano da existência. Essa situação em particular foi um excelente teste do verdadeiro valor da disciplina.

Sem outra alternativa, acabei me lembrando de que antes, durante e depois da vida de meu corpo eu existo como uma entidade separada, chamada alma. Eu sou a alma. Por alguma razão em particular venho representando um papel por meio do meu corpo, há muitos anos; agora, vou ter de prosseguir. Como alma, sou filho de Deus e, portanto, tenho direito a herdar as qualidades e o poder desse Ser Supremo. Com esses pensamentos, preparei-me para o que os demais chamariam de morte, mas eu sabia ser apenas uma transição de uma situação para outra. Talvez não fosse essa a melhor maneira de "morrer", mas o que fazer? Outro anúncio cortou nossos pensamentos como uma foice.

— Há uma pequena pista de garimpeiros logo à frente. Talvez possamos pousar.

Quando tocamos o solo, pensei ter sido um bom ensaio para o grande dia, quando eu, a alma, tiver realmente de deixar o meu corpo. Ou será que é o corpo que me deixa?

Essa é a pergunta mais profunda que todos nós vamos nos fazer em algum momento. Quando estamos numa situação como a descrita, o frio na barriga nos faz lembrar da fragilidade do nosso corpo. Basta lembrar que a energia essencial é a da alma. A alma entra no corpo em determinado momento e um dia teremos de abandoná-lo. O medo da morte não é uma questão de sair da estrutura física, tem mais a ver com a incerteza das consequências da nossa vida. A alma não morre, mas prossegue a sua jornada. É apenas uma questão de até que ponto estaremos prontos para isso.

Entrando no olho da tempestade

Embora o mar estivesse um pouco agitado, o pôr do sol estava belíssimo. O pequeno cargueiro singrava na crista das ondas a caminho de Belize, na América Central. O segundo imediato, um homem rude, baixo e atarracado, chamou seu companheiro, que enrolava umas cordas soltas na proa.

— Não estou gostando nada daquelas nuvens escuras atrás de nós. Não estavam lá meia hora atrás, e estão se aproximando muito rápido.

O amigo, um marinheiro barbudo, que tinha um tique nervoso, ergueu a cabeça e concordou.

— A última vez que vi esse tipo de formação, agradeci por estar no porto. Foi um vendaval que devastou o golfo por vários dias. Foram milhares de mortos em terra.

— É, eu me lembro. Mas que contraste! Uma cena tão bonita diante de nós e um pesadelo nos ameaçando pelas costas.

— Detesto dizer isso, mas parece que a tempestade está chegando aí.

— Oh! Meu Deus! Você tem razão! — disse o segundo imediato, já subindo as escadas em direção à ponte de comando. — É melhor ver o que o capitão pretende fazer.

Nesse momento, grandes ondas já varriam o convés onde havia poucos minutos os dois homens contemplavam o pôr do sol. Quando o imediato abriu a porta da ponte, o capitão acabava de ordenar uma guinada de 180 graus. O navio balançou violentamente na água e virou de frente para a tempestade. O capitão gritou um comando à sala das máquinas:

— Para a frente, a toda a velocidade!

O segundo imediato, assustado com a gravidade da ordem, gritou:

— Algo que eu possa fazer, senhor?

O capitão, com a sabedoria de trinta anos em mares semelhantes, respondeu:

— Prepare o salva-vidas e reze. Nunca vi nada parecido. Peça a Deus que possamos penetrar no anel de ventos do furacão. A nossa única chance é encontrar o olho.

Após trinta minutos de luta contra ventos impossíveis e ondas montanhosas, o navio foi jogado num mar relativamente calmo. Restava agora esperar que pudessem acompanhar o furacão até um porto seguro, antes que o outro lado do vendaval os atingisse por outra direção.

Num mesmo furacão, alguns barcos são atingidos pelos ventos e acabam afundando. Outros entram no olho da tempestade e conseguem domá-la. Em nossa vida, às vezes enfrentamos um "furacão" de circunstâncias extremamente difíceis; tudo parece dar errado ao mesmo tempo. Em vez de tentar fugir, devemos encontrar um estado mental a partir do qual possamos observar objetivamente todos os fatores e nos preparar adequadamente. Esse estado poderia se chamar "o olho do furacão".

Sempre nos beneficiamos em aprender com situações adversas. Se vivemos fugindo dos problemas, eles parecem seguir-nos como sombras. Melhor colocar a proa da vida para dentro dos ventos confusos que sempre acompanham dificuldades e buscar a essência delas. Na essência existe a tranquilidade da compreensão. Nesse estado podemos examinar nossas forças e nossas fraquezas e usar as coisas positivas para superar as negativas. Podemos ver as oportunidades e as ameaças, e buscar o caminho de maior benefício.

amor

amor

Amor é o sol que não cobra por seus raios.
É o ar que preenche todos os recipientes
por dentro e os envolve por fora.
É o oceano que aceita toda sorte de rio,
sem se importar com sua procedência.
É a árvore que não se gaba ao dar sombra
e abrigo e se curva para oferecer seus frutos.
É a água do mar que derrete as pedras
inflexíveis da arrogância.
É a água do rio que sacia a sede de
todos os seres que vêm à sua margem.
É o convite do sábio que ama o
que sabe e sabe o que ama.
É um coração grande que acomoda o
universo inteiro, e no qual ainda sobra espaço.

Aprender a amar a si próprio

A vida sem a experiência do amor verdadeiro parece bagaço sem caldo. Por isso o buscamos tanto ao tentar restaurar a inteireza do coração do ser. Ele não é comum nem barato, não se encontra no mercado das relações, onde tudo tem preço: "Compre aqui! Está em oferta! Se você me der tanto, eu lhe dou tanto". O vendedor recebe seu dinheiro e o comprador, um produto que dura até a semana seguinte. O amor acaba sendo quantificado e se torna a moeda das interações humanas.

O mar interno de emoções e sentimentos às vezes parece tão agitado que a falta de ordem e de direção inspira um pedido de ajuda: "Há alguém aí fora que me entende, que me aceita, que me ama?" Esse pedido contém em si a resposta do dilema.

Eu preciso:

1. Entender como eu sou.
2. Aceitar o que há de bom em mim.
3. Reconhecer o que pode ser melhorado.
4. Aprender a me amar.

Dar é receber

A partir de uma fundação forte de amor a si próprio, surge uma disposição natural de amar os demais sem cobranças nem expectativas. Crescem a solidariedade interpessoal e a vontade de não só dar de si, mas de doar. Não é uma doação de coisas materiais, mas de virtudes e de poderes encontrados no fundo do ser, longe da superfície turbulenta.

Para desenvolver o espírito de doação:

1. Por um dia, desde o momento em que acordar, tente manter essa disposição doadora com quem quer que surja à sua frente, especialmente aqueles que são considerados inimigos. Antes de dormir, avalie se o dia foi fácil, leve e preenchedor, ou de labuta e de dificuldades.
2. Procure identificar as qualidades positivas e amáveis dos outros e fixe sua atenção nelas, para não ser afetado pelos aspectos negativos.

Amar é servir ao outro, ou seja, sair da sua prisão emocional e libertar o outro. Quem serve ao outro automaticamente está servindo a si mesmo.

Se quero respeito, preciso respeitar

O autorrespeito se baseia na consciência das qualidades intrínsecas do ser, no reconhecimento da fortuna de estar vivo e participar da maravilhosa peça da vida, e no sucesso que se tem ao afastar as atitudes negativas. Ele é contrabalançado pela habilidade de observar meus próprios defeitos de maneira desapegada e de não experimentar desânimo por causa deles. Ao contrário, eles são o indício constante de que ainda não cheguei à perfeição e de que, diante dos defeitos dos outros, posso adotar uma postura mais humilde. De fato, o autorrespeito é a verdadeira humildade.

Ele me dá tamanha autossatisfação que o respeito pelos outros nasce automaticamente. Isso consiste em manter uma visão elevada do outro, apesar de seus erros. Dessa forma posso, inclusive, inspirar as mudanças necessárias, o que não acontece ao se querer corrigir ou chamar a atenção.

Tal companheirismo oferecido sem esperar retorno faz com que o outro sinta respeito por mim, se não imediatamente, ao menos depois de algum tempo.

Colocar os outros na frente

Ter um grande coração significa desejar o bem dos outros e permitir seu progresso espiritual. Seja numa tarefa seja numa situação, dar chance a alguém de se manifestar e de realizar é me dar a oportunidade de ir além dos preconceitos, da natureza de criticar, de sentir ciúme e raiva.

Dar a palavra ao outro significa aprender a escutar; não importa quão brilhante seja a minha ideia ou quão forte a minha opinião, a atitude de dizer "Você primeiro" me coloca numa posição de observar melhor o outro e, assim, tomar uma decisão correta a respeito dele. Não é uma posição de fraqueza, mas de percepção aguda.

Atropelar os outros pela força das palavras ou ações pode produzir resultados imediatos, mas a longo prazo me encontrarei só, sem a cooperação de ninguém.

Se tenho de pensar "Eu primeiro", que seja no sentido de eu dar o exemplo. No momento de fazer planos e colocá-los em prática, tenho de, primeiro, me estabilizar no estado de autorrespeito e, depois, abrir-me para o outro.

Perdoar e esquecer

A natureza do perdão é o oposto da natureza da correção. Se aprendo a perdoar, o outro se corrige naturalmente.

Quando percebo que alguém está, a meu ver, agindo incorretamente, o método para corrigir o erro e ensinar o certo é por meio do perdão. Ao tentar resolver pela confrontação — "Você errou!" —, em primeiro lugar, o outro não aceitará e, em segundo, não mudará. Atirar o erro no rosto dos outros é fazer o coração deles encolher.

A sequência que funciona bem é a seguinte:

1. Verificar que o erro não está me abalando.
2. Lembrar as coisas corretas que a pessoa já fez.
3. Dizer ao outro o que fez de correto, para aproximá-lo.
4. Quando há clima para mencionar de leve o que aconteceu de errado, então esse é o momento para esclarecimentos.
5. Depois da conversa, o acontecido deve ser arquivado, para não servir de pretextos negativos futuros.

Como o médico que percebe que o paciente está morrendo, ao ser perguntado, ele não diz: "Você está morrendo". Ele procura dar esperança. Com um grande coração posso encorajar a melhoria dos outros e não julgá-los ou condená-los.

Equilíbrio entre amor e lei

Quando oscilo muito entre ser duro e ser amoroso, é sinal de que não aprendi o ponto de equilíbrio entre os dois lados.

Se for amável demais, os outros podem se aproveitar da minha bondade. Se for firme demais, sem compreender as necessidades dos outros, um dia me encontrarei só. As pessoas não terão suportado minha rigidez.

A partir da consciência profunda da minha verdadeira natureza, posso construir a ponte entre o amor e a lei, pela qual transito em direção ao aspecto que deve prevalecer no momento de agir.

Com amor tudo fica mais fácil. As pressões não são sentidas.

Se estou realmente confortável com meus princípios, tudo se torna natural.

A pessoa que tem esse equilíbrio:

1. Age e não reage.
2. Experimenta liberdade nos relacionamentos, e não escravidão.
3. É capaz de conviver em harmonia com outros que têm diferentes pontos de vista.
4. Possui uma personalidade sadia e aberta.

Se é o amor que funde, é a lei que dá a forma.

Amar o esforço espiritual

Embora a palavra *esforço* tenha conotações de trabalho árduo, o sentido é mais bem expresso pelo sânscrito *purushartha*, que significa *progresso pelo bem do eu eterno*.

A vida espiritual se distingue por três amores:

1. Amor pela meta.
2. Amor por Deus, que é visto como a *fonte* das instruções que levam à meta.
3. Amor pelo esforço.

O amor pelo esforço é o impulso que precisa ser implantado e cultivado dentro do eu; ele se torna o berço da honestidade e da humildade, e se baseia no poder que provém de saber algo inteiramente e não de satisfazer-se com alguns fragmentos da realidade. Na essência, o esforço significa ver o contraste entre as naturezas limitada e ilimitada das coisas e ir além da limitada.

Sem a consciência da necessidade do esforço, o ser simplesmente reage a tudo, e suas ações são condicionadas por ações anteriores.

O amor pelo esforço constrói uma ponte no abismo do autoengano e do desânimo.

É preciso dois para brigar

— Quantas mil vezes tenho de dizer para não deixar a toalha molhada pendurada no banheiro? É preciso pendurá-la no varal. Você sabe que aqui dentro não tem ventilação. Não sabe que toalha molhada cria mofo?

A mãe não estava de bom humor. Já fazia um tempo que ela vinha tendo esses ataques de raiva, praticamente dia sim, dia não. O filho tinha 17 anos e o orgulho típico dessa idade.

— Mãe, por que você não pede com delicadeza?

— Pedir com delicadeza? Vou lhe dar um puxão de orelha se me responder outra vez.

Ele não cedeu:

— Isso não é jeito de falar comigo. Você anda tão irritada ultimamente que não sei como as pessoas desta casa aguentam. Aliás, não deixei a toalha ali milhares de vezes. Talvez umas cinco ou seis, no máximo.

— Não banque o engraçadinho comigo, garoto, ou acabo com você. Vocês, jovens, não têm nenhum respeito pelos pais. Outro dia quase tive de arrancar você da cama para ir à escola.

— Não exagere, mãe. O que está havendo com você? Se nos atrasamos um minuto, você vira um dragão. Coitada da Susana. Tem apenas 6 anos, e outro dia você gritou com ela só porque ela queria sair com você. Sabe o que você disse a ela? — o garoto imitou a voz da mãe. — "Esperei você durante nove meses. Será que você não pode esperar por mim nove minutos, sua chata?" Como espera que uma menina de 6 anos entenda isso?

Cada vez mais vermelha, a mãe gritou para o filho:

— Não me venha com lições de moral! Se você tivesse um pouco mais de juízo, entenderia. Quem sabe se fosse melhor na escola seria mais inteligente. Mas não; o que você faz? Tira notas baixas em tudo, menos na sua maldita música. Sabe quanto seu pai gostaria que fosse engenheiro, como ele.

Desafiador, ele enfrentou a mãe.

— Que diabos a minha música tem que ver com as toalhas molhadas?

— Saia já da minha frente!

Enxergar os defeitos origina ideias negativas e palavras e atos ainda mais destrutivos. Como nesse caso, aquele que acumula cenas de má conduta do outro, principalmente as de ego, apegos e raiva, está meramente aumentando seus estoques de material combustível que, mais cedo ou mais tarde, explodirá.

Notar e contabilizar o que outros fazem de errado tende a criar um sentimento tão desconfortável internamente que só pode ser expresso como um tipo de "vômito verbal".

Embora, nesse caso, a mãe tenha razão quanto à não praticidade de deixar a toalha molhada num banheiro já úmido, a maneira como ela aborda o assunto num tom de irritação generalizada por causa de uma série de outros acontecimentos garante a reação defensiva e desfavorável por parte do filho.

Ele se torna o impertinente esperto e atira de volta, na cara da mãe, tudo o que ela diz. Ela exagera, e ele não pode ser mais irônico e sarcástico. Ela está inflamada, e ele põe ainda mais lenha na fogueira, repetindo um ritual que já deve ter acontecido inúmeras vezes — pelos mais variados motivos.

Mas mãe e filho precisam olhar um para o outro e encontrar alguns pontos nos quais basear o respeito. Obviamente, a questão não é a toalha molhada, mas um profundo sentimento de traição que fica evidente na preferência do filho pela música no lugar da engenharia. Se ela respeitasse as reais necessidades do filho como um ser individual e as encorajasse, as bases para um relacionamento respeitoso se fortaleceriam. Se ele compreendesse a perspectiva da mãe que educa dois filhos, convive com um marido exigente e trabalha em período integral, poderia ajudá-la em suas crises de raiva.

Seja como for, é preciso dois para criar e alimentar um conflito; e ambos são 100% responsáveis por ele. Pelo menos um dos dois precisa tomar a iniciativa de resolvê-lo.

Vestir-se com autorrespeito

— Quero fazer uma reclamação.

O responsável pelas bagagens ergueu os olhos, cansado.

— O que é?

O passageiro de meia-idade, com o rosto vermelho, debruçou-se, ameaçador, sobre o balcão.

— Olhe aqui, acabo de chegar no voo noturno de Miami e minha mala não veio.

O funcionário conhecia bem a miopia dos passageiros irados e supercansados.

— O senhor já procurou na esteira de bagagem?

O homem ficou enfurecido.

— É claro que sim. Fiquei ali durante uma hora, e nada. Eu tenho um compromisso importante ao meio-dia, ou seja, daqui a duas horas, e minhas roupas estão na mala. As únicas que tenho são estas que estou usando.

Olhando por cima dos óculos equilibrados no nariz fino, o funcionário inspecionou as roupas amassadas.

— Hummm... O senhor terá de preencher um formulário.

— Ouça, o senhor não entendeu. Tenho um compromisso com o governador em menos de duas horas e não posso apresentar-me vestido assim.

— Não posso fazer nada quanto a suas roupas. Preencha o formulário e vamos tentar recuperar a mala no próximo voo.

Após percorrer a absurda burocracia de bagagem perdida, o homem tomou um táxi e minutos depois estava no apartamento de um amigo repetindo a sua angustiante história.

— Tem um terno para me emprestar? Não posso ir à reunião vestido como um mendigo.

O amigo foi solidário.

— Temos mais ou menos o mesmo tamanho, mas não sei quanto à largura!

Quinze minutos depois, o mesmo táxi atravessava a cidade em direção ao Palácio do Governo. Subindo os degraus, ele ouviu o desagradável ruído do ombro esquerdo do paletó se rasgando. Passou as mãos pelos esparsos fios de cabelo e apertou os braços contra o corpo para esconder o rasgo; ele tentou se recompor para o encontro. O assistente que o recebeu era só sorrisos.

— Boa tarde, senhor Thursby. O governador está esperando pelo senhor. Quer me acompanhar?

Tentando inutilmente esconder o seu embaraço, ele entrou na sala.

Sempre que temos um encontro importante, procuramo-nos vestir adequadamente. Se houver a mínima coisa errada, desviará a nossa atenção do encontro, e a mente se voltará para a mancha culpada, o rasgo, o botão que falta.

Da mesma maneira, quando nos encontramos com Deus, primeiro precisamo-nos vestir adequadamente, com autorrespeito. Caso contrário, aquilo que estiver faltando ou estiver fora de lugar desviará a nossa atenção do contato divino e interferirá na completude do encontro.

As rugas da culpa e as manchas dos maus atos são, comparativamente, superficiais. Penetrando profundamente em nós mesmos, encontraremos nossos verdadeiros valores com os quais nos vestimos para o encontro com o Governador do Universo.

felicidade

felicidade

*Ser feliz é nascer do equilíbrio
quando o valor das coisas é percebido,
não desmedido para acabar em tristeza.
Com metas elevadas hasteadas
no coração, o ser parte para a
caridade de fazer feliz.
A plenitude transborda e, mais que
encher os copos dos mendigos de alegria,
preenche suas mentes de
bem-aventurança.
Viver por meio dos sentidos
e não em função deles
é a experiência mais sublime,
da qual um segundo vale
vidas de mero prazer.*

A felicidade é o melhor alimento

Para criar e manter uma disposição feliz, preciso saber ser positivo. Isso não quer dizer andar com a cabeça nas nuvens achando que tudo é maravilhoso. Enquanto vejo as diversas situações, boas e más, preciso manter a equanimidade. A feiura não me torna feio nem a tristeza me faz triste; os sucessos não preenchem a mente nem os fracassos me arrasam. Se é assim, a vida não se alterna entre grandes expectativas e grandes decepções. Os altos transitórios de alegria, pagos por baixos de depressão na montanha-russa existencial, só levam ao desgaste.

O cansaço, o tédio e a solidão são sintomas da incapacidade de extrair felicidade do que é simples. A insatisfação nasce da falta de aproveitamento do que nós já temos.

Algumas dicas:

1. Observe suas especialidades e as dos outros e encoraje-as conscientemente.
2. Aproveite os momentos em que você está só para acessar seu próprio fundo interior de felicidade.
3. Lembre que o sucesso é uma combinação de entusiasmo e determinação.
4. Se você for divertido, tudo poderá ser também.

O entusiasmo é o oxigênio da vida

A vida sem entusiasmo é como um corpo sem alma. Certamente não estamos aqui apenas para *sobreviver* de um dia para o outro, mas sim para *viver* e celebrar sua beleza. A palavra *entusiasmo* vem do grego *enthousiasmós*, que literalmente significa *inspirado por Deus* (*en* + *theos*). Isso indica o que deveria ser a base do verdadeiro entusiasmo, assim como *ânimo*, seu irmão mais próximo, vem do latim *anima*, que quer dizer *alma*.

Contudo, ele não surge sem esforço. Assim como acontece com algumas vitaminas, o entusiasmo precisa ser manufaturado.

Algumas dicas:

1. Procure sempre criar novidades na maneira de fazer as coisas, como no trabalhar e no cozinhar, para não cair no tédio da rotina.
2. Faça tudo com interesse. Já que só pode fazer qualquer coisa uma vez, realize-a da forma mais perfeita possível.
3. Mantenha a consciência de ser um aprendiz, para tomar algo de bom de todos. A vontade de aprender sempre evita o atrofiamento da mente.
4. Doe entusiasmo aos outros.

Em tudo há benefício

Por trás das aparências existem muitas lições para uma vida plena; portanto, deve ser praxe o hábito de ir fundo para tocar a essência e não ficar na confusão da superficialidade. A quantidade de óleo essencial numa flor fragrante é ao redor de 0,05%; os 99,95% restantes são bagaço e servem de adubo para produzir mais flores. Uma proporção semelhante existe nas situações.

O significado verdadeiro de cada cena da peça da vida é pequeno e simples, mas, ao mesmo tempo, grande e profundo. O restante é enfeite e contexto.

Não exige nenhum esforço brincar nas ondas da superfície dos acontecimentos e ignorar sua importância e benefício.

As situações mais dolorosas aparentemente podem me ensinar muito. A difamação me mostra tolerância; a confusão me indica que preciso ser mais simples; a decepção me instrui sobre a expectativa inútil e assim por diante...

Para desenvolver essa visão, que torna a vida tão divertida, preciso de:

1. Introspecção, para ver por trás das coisas.
2. Paciência, para aguardar o bom.

3. Tolerância, para chegar intacto ao final.
4. Determinação, para implementar o que aprendi.

O passado é o passado

O passado é tudo o que aconteceu até o presente momento. Seu valor está registrado na formação do meu nível de consciência. As coisas boas, aproveitei; as não tão agradáveis me ensinaram, pelo menos, a não pensar, falar ou atuar. E só!

O que passou não existe mais e, por isso, não tem como me amedrontar. As memórias de como foi e como deveria ter sido amontoam-se na mente na forma de carga, de falsas imagens, de conceitos e preconceitos. Ao empacotar o passado, eu me torno leve, tenho a oportunidade de organizar a vida no presente. Não preciso desembrulhar atitudes ou atos dos quais, mesmo quando estavam acontecendo, percebi o desperdício.

O passado volta normalmente porque não estou fazendo o melhor uso do meu tempo presente. A memória de acontecimentos negativos vem acompanhada de sentimentos de angústia ou impotência. Pode ser que eu não me sinta bem no presente e ainda tenha de carregar o peso daquilo que sequer foi benéfico quando aconteceu. Mesmo a saudade de dias, de lugares ou de companhias melhores não é um substituto para o preenchimento de um presente bem vivido.

As bases da felicidade

Ele se orgulhava da sua nova coleção de CDs de bossa-nova. O ritmo e os acordes inusitados que caracterizavam esse estilo de música popular brasileira o encantavam cada vez mais, desde que visitara o Rio de Janeiro, no ano anterior. Escolheu um disco de Tom Jobim e pôs para tocar.

Então pegou um coquetel de frutas e cruzou as portas de vidro em direção ao terraço. Pela centésima vez, desde que comprara esse lugar, admirou a vista. Numa altitude de quinhentos metros a casa estava completamente cercada pela floresta subtropical. Lá embaixo, lagoas azuis enfileiravam-se, algumas delas diluindo-se no mar de água turquesa, a apenas cinco quilômetros de distância. O sol emprestava sua luz mágica a esse cenário deslumbrante.

— Sua lasanha está pronta — a esposa chamou-o da sala de jantar. Ele se casara com ela fazia um ano. Embora já fosse o seu terceiro casamento, parecia finalmente ter encontrado alguém para compartilhar a vida. E ela fazia uma ótima lasanha!

— Traga-a para cá. A mesa está posta aqui fora.

— Já estou indo — ela avisou, aproximando-se com a travessa fumegante. Estava corada, o que a deixava ainda mais bonita. Talvez fosse a satisfação de ter feito uma ótima comida.

— Que aroma delicioso! Estou com tanta fome que poderia comer um cavalo. O ar da montanha me deixa faminto.

Minutos depois, quando levava à boca um pedaço da massa, o telefone tocou. Aborrecido, ele pousou o garfo no prato:

— Vou atender. Não sei por que toda vez que me sento para comer o telefone toca.

Ele correu para o telefone, e do terraço sua mulher podia vê-lo concordar e gesticular.

Quando voltou à mesa, estava branco como cera.

— O que aconteceu? — ela perguntou.

As palavras saíram aos borbotões:

— Era o médico de minha mãe, ele acabou de receber os exames. Ela tem um tumor no fígado, maligno. Não é nada bom. Perdi o apetite.

Nós construímos castelos ilusórios sob a premissa irreal de que nada acontecerá para derrubá-los. Às vezes, só as más notícias conseguem nos afastar das coisas que os nossos órgãos dos sentidos mais apreciam. Não ouvimos a música, não sentimos os aromas, não vemos a paisagem nem provamos o alimento. Não notamos sequer quem está à nossa volta. Algo acontece que não podemos entender. Não se encaixa no nosso mundo ideal.

Faz sentido dizer que a verdadeira felicidade não se baseia nas coisas que nos rodeiam, mas na compreensão que temos delas.

Não pare diante dos obstáculos

Fascinado, estava observando as formigas havia quinze minutos. Era uma longa carreira de uns vinte metros, desde o formigueiro até o alto de uma grande árvore florida. Sistematicamente, cada formiga alcançava determinada flor; após morder um grande pedaço de pétala e equilibrá-la milagrosamente em suas antenas, elas as carregavam tronco abaixo. Parecia uma procissão de pétalas ambulantes.

Com incrível destreza, cada uma era responsável por um pedaço no mínimo dez vezes maior que o próprio corpo. Abrindo caminho através de uma pequena floresta, que na verdade era um vasto tapete de grama, elas alcançavam o formigueiro onde depositavam a carga. Embora eu não tivesse meios de reconhecê-las, provavelmente eram as mesmas que retornavam pelo gramado e subiam o tronco da árvore.

Encostei o polegar no tronco, bem no caminho das formigas tenazes. Queria ver o que elas fariam.

Nenhuma parou mais que o necessário para perceber que alguma coisa bloqueava o caminho. E simplesmente davam a volta no dedo ou passavam por cima dele. Depois de atravessar aquela selva de grama, isso não era nada. Nenhuma perdia tempo pensando: "Oh, céus! O que é isso bloqueando o meu caminho? O que vou fazer? Como alcançar o destino?" Nem se reuniram para traçar um plano de ação para remover o obstáculo. Numa fração de segundos, elas percebiam que algo estava obstruindo a missão e desviavam. Isso foi tudo!

As formigas parecem mais sábias que os seres humanos. Diante de obstáculos, perdemos tempo pensando, analisando e ponderando alternativas. Queremos eliminá-los. Fazemos intermináveis conferências e reuniões para decidir o que fazer com eles. Mas o que precisamos saber, e o mais rápido possível, é o que eles representam, e seguir em frente, seja desviando seja passando por cima, em vez de desperdiçar energia para tentar eliminá-los. Em geral, a energia que usamos debatendo nossos problemas é a mesma que precisamos para solucioná-los.

poder

poder

*Talvez na derrota
se encontrem sementes da vitória
se do chão se levantar um aprendiz.
Da percepção profunda nasce a força
para destronar fraquezas banalizadas,
para remover os hábitos arraigados
que fazem persistir a dispersão.
A mente que vagueia se rouba
da possibilidade de ser forte.
A mente concentrada
é o berço da transformação.*

Saber recarregar a bateria

Um aparelho alimentado pela força de uma bateria dia e noite suga toda sua força. A bateria e, por consequência, o aparelho deixam de funcionar. Essa analogia serve para a vida que se manifesta por meio do corpo físico. Por exemplo, num só dia o cérebro, o instrumento que a mente usa para pensar, faz cem vezes mais conexões que o sistema de telecomunicações de todo o mundo. Tirando os impulsos necessários para manter o metabolismo em dia, imagine quantos pensamentos temos em 24 horas.

Mesmo que tivesse pensamentos puros e elevados o dia inteiro, eu teria de recarregar a bateria do ser, que é a força essencial por trás deles. Sem mencionar os pensamentos de tristeza, angústia, confusão ou preocupação, que debilitam ainda mais nossa capacidade de pensar. Se o ser é a bateria para a mente, tenho de saber recarregá-lo.

Na meditação, mediante um processo introspectivo, vou além dos sentidos físicos e de seu envolvimento do momento. Visualizo o Ser Supremo, uma Fonte de Luz como um Sol Espiritual. Faço a conexão com muito amor e passo a experimentar a energia recarregadora.

Não basta entender; é necessário ter força

Se me considero entendedor de assuntos espirituais e humanos, isso deve ser refletido na minha vida prática.

O que é necessário é a mudança. Qualquer autoverificação deve ser seguida por mudança. Se só existe a verificação, mas não a transformação, isso não tem nenhuma utilidade.

Para a transformação é necessário:

1. Não deixar tudo nas mãos do tempo. Se reconheço um aspecto do meu comportamento como prejudicial para mim ou para os outros, preciso agir já. Deixar para o tempo dá margem a muitas dúvidas.
2. Se o tempo me transforma, o fruto disso não é meu, e sim do tempo.
3. Ter determinação firme. Saber que a transformação é importante, que é boa para mim e para aqueles com quem compartilho minha vida. As fraquezas não desaparecerão sozinhas. Preciso ter fé em mim mesmo.
4. Ter uma conexão com a Fonte de Poder Espiritual — Deus.

A experiência de *yoga* ou conexão é parecida com a lâmpada que está acesa; com essa injeção de poder, o difícil torna-se fácil.

Ser independente é estar livre da escravidão

Muitos imaginam que independência é estar livre para fazer o que bem se entende — ter liberdade para exercer sua raiva, ganância ou apego sem inconvenientes. Mas tal independência torna-se o feitiço que se volta contra o feiticeiro.

A escravidão não é uma corda que prende o indivíduo, mas justamente a consequência de seus vícios. São eles que têm liberdade comigo e não eu com eles.

Ao olharmos os pássaros voando, sentimos saudade do estado de voo que uma vez conhecemos. Enfim, o que é que me prende, senão as atitudes mentais de fraqueza e desconfiança? Minhas asas foram cortadas por pensamentos, palavras e ações que executei contra minha verdade intrínseca, contra a paz, o poder e o amor que residem no estado natural. Com cuidado, preciso restaurar essas asas e então planejar meu primeiro mas muito antigo voo.

Para me libertar *de* verdade, não devo tentar me tornar independente *da* verdade.

Manter a mente bem ocupada

A mente sem controle flutua na superfície dos acontecimentos como uma folha levada pelo vento. Torna-se um depósito de muitas informações desnecessárias: imagens, ideias, fantasias, projeções.

Há basicamente quatro campos nos quais a mente pode vaguear:

1. As posses.
2. As outras pessoas.
3. As atividades.
4. O tempo passado ou futuro.

Esses são os quatro limites do campo da vida.

Se a bola sai, é arremesso lateral ou tiro de meta para as outras pessoas ou situações sobre as quais tenho menos controle do que tenho sobre mim. A questão não é evitar que a bola saia, mas controlá-la quando está em campo. Não é fugir das responsabilidades, das memórias ou dos planos, mas saber lidar com eles. As posses são meios e não fins; devem ser usadas em benefício da humanidade, e esta me inclui. As outras pessoas são fonte de inspiração se percebo suas qualidades e não seus defeitos. As atividades podem ser transformadas em atos de servir. O passado me ensinou muito, e o futuro me aguarda de braços abertos.

Se eu deixar tudo nas mãos caprichosas do vaguear, a vida me escapará. Dizem que a mente vazia é a oficina do diabo.

O tempo é um tesouro valioso

Tempo é vida. Quantas vezes os momentos preciosos escapam porque não fomos capazes de aproveitar o que estava acontecendo? Nem sempre o dia sai de acordo com o planejado. Há fatores sobre os quais não temos o mínimo controle — o trânsito que faz com que o ônibus se atrase, o trabalho malfeito do colega que precisa ser feito novamente, a fila de banco que não estava nos nossos planos.

Enfim, em vez de procurar fazer com que as coisas aconteçam de acordo com a minha teimosia, existem outros segredos a respeito do tempo que preciso saber. Pela lei de causa e efeito, o tempo nunca me servirá se eu não souber utilizá-lo de forma benéfica. Quando tenho tempo livre e não o aproveito para fazer algo bom, como meditar, refletir profundamente sobre as leis da vida ou ajudar alguém menos favorecido, não posso reclamar quando o tempo não coopera comigo.

Quem usa o tempo bem ganha tempo.

Permanecer no caminho

A família estava muito preocupada com ela. Primeiro, começou a levantar cedo e a sentar-se em silêncio, depois quis mudar os hábitos de alimentação. O mais estranho é que ficava mais doce a cada dia, abandonando sua típica irritabilidade anterior. Sem dúvida, tudo isso se devia ao novo caminho espiritual que ela havia adotado. Chegara o momento do confronto, e a mãe elegeu-se como a porta-voz da família.

— Filha, sabe o que a nossa religião diz daqueles que se afastam do caminho?

Embora surpresa com as implicações da pergunta, ela respondeu calmamente, com outra pergunta.

— Mãe, eu respeito a sua preocupação comigo. Sei o que estão dizendo, mas deixe-me perguntar:

a senhora sabe definir nossa religião? Não em termos de crença, pois são inúmeras as maneiras pelas quais o fundador da nossa religião tem sido interpretado. Diga-me como deve ser o comportamento de um seguidor.

Apanhada de surpresa pela profundidade da pergunta, a mãe respondeu:

— Bem, devemos amar uns aos outros como irmãos, ser fiéis a Deus e seguir a Sua palavra. Devemos ser humildes e adotar uma postura tolerante diante de todos. Devemos ser virtuosos em todos os nossos atos e ajudar aqueles que são menos afortunados que nós.

— Nesse caso, mãe, não tema que eu esteja me afastando do caminho. À medida que a senhora falava, fui verificando mentalmente cada ponto da sua lista. Acredito que em cada um deles melhorei desde que comecei a meditar. Se o fundador da nossa religião aparecesse aqui de repente, diante de nós, estou certa de que ele congratularia os meus esforços pela minha transformação e não me condenaria.

Com muita frequência, as tradições religiosas, devido à intolerância, têm sido motivo de guerras, e não de paz, como prometem. Temos esquecido o espírito dos ensinamentos para nos ater estrita-

mente à palavra, deixando o terreno propício para superstições e alegorias incompreensíveis.

Um dos grandes empecilhos do autocrescimento é o medo de perder a aprovação das pessoas próximas. Mas, certamente, a liberdade de expressar-se espiritualmente é um dos nossos direitos mais inalienáveis.

Se, no meu esforço para crescer, as pessoas em volta se incomodarem com as minhas mudanças, devo respeitar a preocupação delas e ter cuidado para lidar com um tema que as incomoda. Ao mesmo tempo, devo lealdade ao que descobri como verdadeiro, porque sei que não é o meu esforço de me transformar que provoca o sofrimento nas pessoas, e sim a falta de compreensão delas.

Afinal, a meditação não pretende converter ninguém, mas enriquecer a vida de cada um, independentemente da religião que se tenha.

Apesar de...

— **Não está** nada bom. Cheguei aqui às 6 horas e a fila quase virava o quarteirão.

O homem, com pouco mais de 30 anos, vestindo o seu melhor e mais usado terno, deu alguns passos à frente, queixando-se a ninguém em particular.

— É a terceira vez nesta semana que cumpro esta rotina.

Ele tinha razão. Eram centenas de pessoas na fila, todas de braços cruzados para proteger-se do frio. Havia gente de todo tipo — mulheres jovens cheias de esperança, pessoas mais velhas num desespero silencioso, homens repletos de expectativa pela fórmula mágica chamada "trabalho". As cinquenta vagas abertas por uma cadeia de supermercados não fariam muita diferença nos índices de desemprego na cidade. O homem continuou:

— Li no jornal que existem atualmente mais de 500 mil pessoas sem trabalho, só nesta cidade. A situação está se tornando desesperadora.

A jovem atrás dele simplesmente sorriu. Ela confiava muito. Embora estivesse sem trabalho já havia alguns meses, era a primeira vez que se candidatava a outro cargo. Havia uma semana seu marido perdera o emprego na última rodada de cortes da indústria automobilística. O estoque de comida em casa estava no fim, e ela não queria ver os filhos passando fome. Por isso estava determinada a conseguir um cargo de caixa, e sabia exatamente o que dizer ao entrevistador. Ela chamou a atenção do abatido senhor à sua frente.

— O que o senhor faz?

— Sou contador — ele respondeu, desanimado.

— Por que um contador vem procurar um trabalho braçal num supermercado?

Ele fez uma pausa de alguns segundos e acrescentou com a voz trêmula:

— Desisti do luxo de pensar que posso conseguir um trabalho de contador depois de vinte tentativas. Não tive sorte. O desemprego é tão grave nesta cidade que só me restou aceitar qualquer coisa. Seja como for, diante desta fila, também não terei sorte aqui.

A moça riu, esperançosa.

— Não pense assim. Desde criança aprendi que, por piores que sejam as circunstâncias, não devemos nos entregar a pensamentos negativos. Não adianta nada. Eu nem notei a fila, só estou pensando no sucesso que terei em minha entrevista.

Meia hora depois, ela convenceu o entrevistador de que era a pessoa certa para uma das três vagas de supervisor.

Vamos ser sinceros: a situação do mundo não está fácil. Assim mesmo, se estivermos carimbados com a ideia de que as coisas são difíceis, provavelmente elas serão. Isso se torna uma profecia que se transforma em realidade. Ao repetir continuamente "Eu não posso" ou "Não vou conseguir", a probabilidade de isso acontecer aumenta terrivelmente.

Para livrar-se da influência dos comentários e das visões pessimistas dos outros e das manchetes do dia, é preciso que se tenha um nível de percepção mais profundo. Apesar de tudo o que acontece à nossa volta, ainda nos resta todo um potencial não utilizado para atos positivos ao qual podemos recorrer e ativar. Uma pequena chama numa sala escura é muito mais forte que toda a escuridão.

Além do corpo

A luz às minhas costas me chamava gentilmente. A cena diante de mim, que emergia sob o manto de chuva e neblina, exercia uma atração inexorável. Eu flutuava. Livre, despreocupado, leve como uma pena. Teria sido muito mais fácil ir até a luz vermelho-dourada, mas algo vagamente familiar despertou a minha curiosidade.

Chegando mais perto, vi que acabara de acontecer um acidente. Uma carreta estava pendurada num barranco e sua carga, que parecia ser rolos de papel de jornal, espalhara-se pela estrada. Um carro havia batido na carreta e agora estava parado ao lado dela. A chuva tornava-se fumaça em contato com o escapamento exposto. Saí de perto da carreta e aproximei-me do carro. O motorista do caminhão tentava sair da cabina pela janela do passageiro. Sorri ao ver seu esforço, mas, imediatamente, me dei conta de que não era nada engraçado. Fui tomado pela estranha sensação de estar num *set* de filmagem, e aquele homem parecia ter sido escolhido especialmente para o papel: camisa manchada de suor, barba por fazer e uma barriga de cerveja pendurada sobre os *shorts* engordurados.

Correndo e mancando, ele foi direto para o carro. Perguntei o que acontecera, mas ele me ignorou.

— Meu Deus! Que desastre! — eu o ouvi dizer, espiando pela janela do motorista. A parte da frente do carro tinha virado uma sanfona, e o motor ocupava agora o banco da frente. Ninguém poderia ter sobrevivido.

Nesse momento, outro carro aproximou-se do local do acidente; ao ver os rolos de papel caídos na estrada, foi diminuindo a velocidade até parar. Os acenos desesperados do motorista do caminhão foram desnecessários. O recém-chegado, um homem alto com um casaco estendido sobre a cabeça, correu para o carro batido e gritou:

— Quer que eu chame a ambulância?

— Espere um pouco. O passageiro morreu, mas o motorista não está aqui. Deve ter sido atirado para fora do carro. Talvez esteja por aí, em algum lugar.

Eu me aproximei do recém-chegado e disse:

— Chame a ambulância assim mesmo. Eu o ajudo a encontrar o motorista.

Eu não estava muito longe dele e disse isso em voz alta e muito clara. Não só ele não me ouviu, como passou por mim como se eu não existisse. Fiquei chocado com esse comportamento e voltei para dar uma olhada no carro batido.

Até aquele momento não me passara pela cabeça questionar o que estava fazendo caminhando na estrada no meio da noite, na chuva, a quilômetros de distância de lugar nenhum. Talvez devesse me perguntar por que me sentia tão destacado de toda aquela situação. Era como se eu estivesse num estúdio de televisão falando com os protagonistas de algum filme de segunda categoria.

Comecei a correr atrás do homem para tentar ajudar em algo quando vi e reconheci o número da placa do carro, iluminada pelos faróis da carreta. Era a placa do meu carro! Imediatamente pensei que devia haver algum engano. Com uma quase total falta de ansiedade, de repente percebi que estava diante de alguma coisa terrivelmente significativa.

Não tive tempo de filosofar sobre o acidente. O recém-chegado gritou:

— Eu o encontrei! Parece que o coitado também não resistiu. Não sinto o pulso dele.

Ele estava próximo de mim, caído sobre uns galhos, na encosta. Eu me aproximei do que sabia que ia ver: jogado sobre um arbusto numa poça de água, havia um corpo que reconheci como meu. Olhei para o rosto que já vira milhares de vezes em espelhos bidimensionais, agora sereno sob a luz da lanterna.

O motorista do caminhão, com chuva e suor escorrendo por seu corpanzil, desceu o barranco molhado. Erguendo as pálpebras, as minhas pálpebras, ele murmurou:

— Talvez ainda tenha alguma chance. Ele não parece muito machucado. Abra os braços dele para eu tentar uma massagem no coração.

Foi então que a terrível realidade daquela sequência de fatos, que não podiam ter acontecido há mais de alguns minutos, me tocou no fundo. Eu havia deixado o meu corpo físico. Para eles, eu estava morto. No entanto, não estava nem mesmo em estado de pânico. O ser pensante, ou seja, eu, estava separado, de alguma forma, do corpo caído naquele arbusto. Preferi, irracionalmente, tentar me lembrar das últimas coisas que havia pensado. Pouco tempo atrás eu lera num artigo que os últimos pensamentos que a pessoa tem antes de morrer são os que determinam o seu próximo destino. Lembrei-me de que, se Pedro, meu passageiro naquela noite, também tivesse "morrido", talvez estivesse por ali observando a mais estranha cena das nossas vidas. Voltei-me para o carro batido pensando em encontrá-lo. Com a pergunta "Quais foram meus últimos pensamentos?" ecoando em minha mente, mergulhei na escuridão. Ouvi vozes à minha volta e senti uma dor terrível em minhas costas.

Muita gente já experimentou deixar o corpo e voltar à vida minutos após ser dado como "clinicamente morto". A questão é: o que deixa o corpo? Obviamente, o ser consciente, que sabe o que está acontecendo, está em outra dimensão. Em geral, essas pessoas descrevem a experiência de estar num túnel, e no final dele haver uma luz bela e serena. Compreender que a alma não é o corpo físico, mas o usa para representar um papel neste mundo, é o primeiro passo para a iluminação espiritual. Quando se experimenta essa distinção, desaparece o medo de que a morte física seja o fim da identidade da pessoa. A sensação de eternidade ajuda-nos a pôr o temporário em nossa vida na sua devida perspectiva.

virtues

virtudes

*O coração limpo abriga a bondade,
que brilha como uma Lua cheia
recebendo o Sol de frente
e irradia a luz suave das virtudes.
O diamante bruto
não sabe do seu brilho;
esconde-se entre os
pedregulhos sem ser visto.
Remover-lhe as falhas
e trabalhar suas facetas exige esforço,
mas aumenta seu valor.
A vida enfeitada de virtudes
serve de exemplo,
dá esperança àqueles que sentem
saudade da sua humanidade.*

A introspecção é a mãe de todas as virtudes

Quando me dirijo ao mundo interior, não é para escapar do barulho incessante do mundo das ações, das exigências e das confusões dos outros. Não é para alienar-me dos acontecimentos e das pessoas. É para conhecer melhor meus próprios recursos e verificar que há reservas suficientes para enfrentar qualquer situação que possa surgir.

Sem introspecção, qualquer conhecimento é escuridão; *não é* possível fertilizar o solo interno, em que todas as virtudes e poderes do ser podem brotar, crescer e desabrochar. Com ela sou capaz de ver fundo as causas dos problemas e suas soluções. Bem trabalhada, traz imunidade às dificuldades, para que eu possa lidar com elas com calma e poder silencioso. A visão voltada para dentro traz plenitude, porque me leva à experiência além do corpo físico e a todas as suas limitações. Já a visão voltada para fora, que *é* o verdadeiro sentido da extroversão, pode me enfraquecer se eu ficar observando o que os outros têm ou fazem.

Bem alimentado por dentro, o introspectivo não se torna um mendigo de amor ou de respeito porque sabe ser seu próprio amigo e amigo dos outros.

Quando ser adulto e quando ser criança

Esconder-se atrás de uma autoridade temporária, ou mesmo fabricada, é um dos maiores mecanismos de defesa usados para perpetuar a ideia de grandeza. Em função do *status* social, da profissão e da experiência de vida, de uma amizade específica, ou do papel de pai de família etc., criamos posições de autoridade, de onde opinamos e orientamos os outros.

Mas tal autoridade soa falsa se não há controle correspondente dos processos interiores. Como posso bancar o rei dos outros se nem mesmo tenho controle sobre o que vou pensar daqui a um minuto, se os meus "súditos" — os pensamentos, a personalidade e o raciocínio — não me obedecem?

Por isso falhamos muito ao usar a autoridade. Ela precisa ser exercida com bastante amor e cuidado. Quando é o momento de falar, então eu o faço em voz alta e de cabeça erguida, expondo o que penso de forma clara e lógica. Mas, uma vez que a ideia saia dos meus lábios, preciso voltar como uma criança para poder observar as reações sem preconceitos.

Manter a maturidade de um adulto e a inocência de uma criança é sinal de equilíbrio.

A tolerância abriga

Para poder conviver com as diferenças de natureza e de índole dos outros, é necessário ter uma boa dose de tolerância. Ela deve ser natural a ponto de não sentirmos que estamos tolerando algo. É a capacidade de passarmos por situações adversas e, ainda assim, não sermos afetados por elas, mantendo na mente o benefício oferecido por essas adversidades. É estarmos livres de qualquer sentimento ruim nutrido por alguma pessoa ou situação.

Uma mãe, pelo amor ao filho, tolera qualquer coisa pelo bem dele sem se preocupar consigo mesma, com o seu corpo ou com as circunstâncias.

Se existe amor constante, é fácil tolerarmos o comportamento daquele a quem amamos.

Sinais de tolerância:

1. Estabilidade em qualquer circunstância.
2. Capacidade de reduzir a expansão das dificuldades e dos obstáculos à sua essência.
3. A jovialidade, que não permite à mente murchar.
4. A benevolência de conceder que o outro pode estar certo, mesmo quando não está.
5. A humildade de aceitação, e não de submissão.

Saber se dobrar sem se quebrar

É impossível construirmos um relacionamento de respeito com os outros se as duas partes estão esperando que a outra respeite primeiro: "Eu sou fulano! Eles precisam me respeitar".

Por mais importante que eu considere o meu papel, a minha experiência ou as minhas qualidades, no momento de intercâmbio humano somos iguais, com os mesmos direitos — de amar e ser amado.

Viver é saber nos relacionar com os outros. São os relacionamentos que provocam ambas as coisas: a maior das alegrias e a maior das tristezas. Preciso aprender que efeito causam meus pensamentos, minhas palavras e ações nos outros, e como eles me afetam. É necessário discernir quais pensamentos e ações trazem o benefício para ambas as partes, e quais causam danos e degradam o relacionamento.

Se sou arrogante demais, o relacionamento não aguenta por muito tempo e se rompe. Por outro lado, se sou humilde demais, posso estar simplesmente encorajando as ilusões do outro. Nesse caso, eu me machuco.

O caminho do meio é o do autorrespeito, no qual as qualidades positivas dos dois convivem em harmonia, e as negativas são tratadas com maturidade.

Ser autêntico

É comum avaliarmos o mérito e o demérito de acordo com nosso próprio sistema de valores. Fazemos isso consciente ou inconscientemente. Avaliamos situações, objetos, ações, palavras, atitudes, comportamentos e agimos segundo eles. Mas quanto desse sistema parte de dentro de mim?

Pensar, falar e agir de acordo com os valores nos quais acredito, com os quais concordo, é ser autêntico. É impossível ser honesto comigo mesmo se estou apegado às minhas próprias fraquezas. Se não consigo ser honesto comigo mesmo sobre as qualidades inatas e as adquiridas, não posso me apresentar aos outros de forma coerente.

Um dos principais aspectos da desonestidade nos relacionamentos é esconder os defeitos. Mas, em nível mais profundo, é viver a mentira que eu sou, o próprio defeito. O alívio espiritual surge assim que esse nó interno é desfeito.

Quanto mais aberto sou comigo mesmo e com os outros, menos tenho de me explicar. A honestidade traz proximidade e resolve os problemas com mais facilidade. O desejo profundo pela verdade aproxima os outros dela.

Ter a visão das qualidades dos outros

Se alguém tem cem virtudes e um defeito, muitas pessoas ressaltam o defeito, ignorando tudo o que é positivo. Geralmente quem faz isso está permanentemente justificando a existência de suas próprias fraquezas, que o incomodam. Ao criticar os outros, mesmo que de brincadeira, fazemo-nos portadores da tristeza, que o outro aceita prontamente. É como fazer alguém tropeçar, machucando-o. Enquanto a dor continuar, ele não esquecerá a sua causa. Criticar os outros é difamar a si mesmo.

Ao fazer uma comparação de qualidades, podemos provocar o ciúme, que traz angústia para o "eu" e perturbação para os outros.

A raiva que nasce da autoderrota queima o ser internamente e não permite a sensatez necessária para julgar de maneira adequada o que está acontecendo. Se por raiva eu forço uma situação — na forma de teimosia, impaciência, petulância ou obstinação —, ao olhar para trás, para ver quem está me acompanhando, não encontro ninguém.

A apreciação verdadeira elimina a crítica, o contentamento derrota o ciúme, e a paz do autorrespeito remove a força da raiva.

Imagem verdadeira, ação verdadeira

Ele olhou o rosto cansado no espelho.

— Deus, como estou velho! Logo começarei a tingir o cabelo. Como é possível essas marcas de expressão se aprofundarem tanto?

Quando começou a escovar os dentes, percebeu que o corte no canto direito do lábio inferior, feito na semana anterior ao se barbear, tinha finalmente cicatrizado. De repente, sentiu um puxão na ponta da blusa do pijama.

— Pai, posso perguntar uma coisa?

— Não vê que estou ocupado? Depois falo com você.

— Mas eu preciso saber agora.

Conhecendo a insistência do filho de 6 anos, ele cedeu.

— Ok. O que é?

— A Lúcia me disse que ouviu que Deus nos fez à sua própria imagem. Isso quer dizer que Ele é feio como nós?

— Isso não é pergunta que se faça às 7 horas da manhã, num dia de trabalho! Mas não acho que a imagem de Deus seja a do corpo. Provavelmente isso quer dizer outra coisa. Vamos falar com sua irmã.

Deixando de lado a escova de dentes e a toalha, ele acompanhou o filho até a cozinha, onde Lúcia, a filha de 9 anos, passava manteiga no pão.

— Muito bem, mocinha, o que foi que você disse a Zezinho sobre a imagem de Deus?

— Desculpe, pai. Eu o desafiei a ir procurar você enquanto estava diante do espelho. Não é possível que Deus seja tão feio quanto você é de manhã. Só quero saber como Ele é de verdade.

Os seres humanos sempre buscaram sua verdadeira imagem. Algo nos diz, desde a mais tenra idade, que a nossa conexão com Deus não se dá por meio do corpo. Aquilo que se "assemelha" a Deus é a imagem real e original das Suas virtudes que trazemos interiormente.

Infelizmente, em vez de as nossas ações se basearem na consciência dessa essência, elas são substituídas por imagens físicas temporárias — sou fulano de tal, filho de sicrano, moro em tal lugar, pertenço a tal religião e a tal cultura.

Vamos incrivelmente longe para perpetuar a nossa identidade física, principalmente o corpo, que é, na verdade, um mero veículo da verdadeira imagem.

Essa identificação com o corpo é, por sua vez, imposta a todos aqueles com os quais nos relacionamos. Em vez de ver no outro a sua luz mais verdadeira, acabamos nos confundindo, pois julgamos e categorizamos as pessoas segundo a idade, o sexo, o grau de beleza, a cultura e a religião do corpo.

Se eu puder manter firme a minha visão da imagem correta de mim mesmo e dos outros, minha postura interior se manterá estável e, portanto, as decisões sobre os meus atos emanarão de atitudes verdadeiras e consideradas com mais profundidade.

Embora cada um traga dentro de si essa imagem divina e correta, ainda há espaço para a beleza e a individualidade. Ver essa essência do outro permite-me estabelecer uma ponte de união com ele e, ao mesmo tempo, continuar atento às diferenças. O denominador comum de qualidades inatas como paz, amor, felicidade e pureza é o espírito do compartilhamento que nos permite dar e receber sem dependência nem inveja. Nessa imagem interior somos todos perfeitos, cada um à sua maneira.

Se há forte consciência da imagem do estado original, a ansiedade de procurar e cultivar imagens além de si mesmo começa a desaparecer. Em vez de forçar para dentro do eu imagens exteriores temporárias de uma perfeição esquecida, basta abrir a tampa que encobre a verdade. Tudo o que fui, o que sou e o que vier a ser depende do reconhecimento da minha verdadeira imagem, eternamente registrada dentro de mim.

Embora a imagem do que é verdadeiro tenha servido de lastro para a nau da vida enfrentar os mares das muitas situações, talvez eu não tenha tido a profundidade de apreciar aquilo que sempre esteve presente. Ressuscitar essa imagem não é impossível. É uma questão de distância. Meu coração e meu interesse há muito tempo viajam pelo reino dos sentidos e seus objetivos espalhados. Mas, agora, sabendo disso, posso me contentar em vestir a minha verdadeira imagem e deixar para trás todas as outras em seus pedestais cansados e desgastados pelo tempo.

percepção

percepção

*Percepção é a janela dos três tempos
através da qual a realidade se
apresenta sem enganos.
Entre o que já passou e o que virá, vejo
os navios em formação no porto da
esperança, aguardando o embarque
para destinos desconhecidos.
Mas das alturas seguras da certeza
que tenho escolho o percurso
de maior aprendizado.
Subo no mastro do autorrespeito
e vislumbro horizontes passados e
futuros como pequenas dobras
nas páginas do tempo.
A maior tempestade é apenas um murmúrio
que acrescenta variedade à travessia.*

Os obstáculos existem para nos tornar sensatos

Se ando por um caminho e, de repente, encontro um enorme tronco de árvore bloqueando-o totalmente, tenho várias opções:

1. Se não houver ninguém por perto, posso usar a força dos músculos para remover o tronco.
2. Esperar que alguém chegue para me ajudar.
3. Escolher outra maneira de continuar na mesma direção.

Essa analogia serve para o caminho do auto-progresso. Tentar usar a força bruta para remover o obstáculo causa cansaço e frustração. Esperar que alguém chegue e remova o obstáculo pode demorar e não traz retorno. A terceira opção parece a mais indicada: escolher outra forma de prosseguir.

Tenho de mudar de perspectiva. Como estou vendo aquilo? Quem eu sou realmente? Quais aspectos do entendimento das leis espirituais posso aplicar nessa situação?

A oportunidade para desenvolver a grandeza existe em cada acontecimento.

Se me considero pequeno, inútil ou fraco, naturalmente qualquer dificuldade assumirá proporção maior que a real. Se, porém, me considero um verdadeiro filho de Deus, forte e lúcido, o impossível se torna possível.

Entender o "eu"

Conseguir mudanças limitadas, com sucesso e permanentemente, exige uma compreensão do "eu" interior — que também pode ser chamado de psique, consciência, alma ou ser. É esse ser que controla ações, reações, humores, sentimentos, níveis de estresse ou a qualidade das interações com os outros.

Portanto, preciso aprender a observar e a entender o "eu" antes de poder transformar o estado da mente ou do comportamento, e estar no comando e não à mercê das minhas reações. Então, necessito aprender que minha identidade verdadeira e espiritual independe de idade, sexo, classe social, profissão, cultura etc. Esses aspectos podem descrever meu corpo ou meu papel no mundo, mas sou eu quem dá vida a tudo isso.

Uma vez que compreendi esse ponto fundamental, posso começar a entender as causas básicas dos problemas e transformar os padrões de pensamento há muito estabelecidos, as reações ou os sentimentos negativos, como inquietação, incerteza, medo, ansiedade, falta de adaptação, animosidade, ressentimento, e assim por diante. A lista é bem longa, mas a reviravolta se inicia com a autocompreensão.

Não criar montanhas de sementes de mostarda

Uma das tendências mais comuns, que nasce da confusão e da falta de autorrespeito, é tornar históricos acontecimentos triviais. Por um lado, o pequeno é importante porque, se não consigo vencer os pequenos obstáculos, como posso enfrentar os verdadeiros problemas?

Um carrapato entra na orelha do elefante e o mata!

Por outro lado, a incapacidade de estimar o valor de uma situação realmente importante é consequência dessa mesma instabilidade.

Quando o biólogo coloca uma mosca no microscópio, ela parece um monstro. Na parede, no entanto, é apenas uma mosca.

Talvez por falta de contexto pessoal e, portanto, de uma perspectiva certa para julgar os fatos, ampliemos a importância das trivialidades e deixemos de notar as coisas verdadeiramente valiosas.

Uma pessoa que vive na plenitude tem o equilíbrio entre a seriedade e a jovialidade e sabe quando ser — e o quê. Não brinca com incêndio nem faz drama por causa de faíscas.

Evitar dar desculpas

Esqueci!

Foi o outro.

Não sabia que era importante.

Não tive tempo.

Você não me falou isso.

Essas frases e tantas outras são os temperos com os quais tentamos esconder nossa ineficiência, desorganização ou falta de empenho. Infelizmente, embora façam parte do dia a dia, elas servem para nos privar da força que poderíamos ter. Em essência, a desculpa representa o adiamento do esforço, enquanto as fraquezas internas têm chance de se alastrar.

Assim como criticar alguém é apontar o dedo para a sua própria intolerância ou incompetência, dar desculpas é mentir a si mesmo. A própria palavra *desculpa* sugere o esforço que exige remover um sentimento de culpa qualquer e, na verdade, pode acabar aumentando.

O uso contínuo de desculpas leva o indivíduo a deixar de acreditar na sua capacidade de mudar.

As coisas só têm força quando são usadas em seu contexto

Os fortes ventos já haviam se transformado numa brisa fria quando o menino saiu para caminhar pela praia. Foi então que um objeto, já esbranquiçado pela ação do tempo, chamou-lhe a atenção. Grosso como a perna de um homem de um dos lados, curvo e adelgaçado do outro, era da altura dos ombros do menino.

Colocando-o na sua frente com o desvelo de quem está diante de um prodígio, o menino pegou uma pedra e começou a bater para saber do que era feito. Após quinze minutos de muito suor e pouco resultado, seus esforços foram vencidos pela dureza do material.

Com um brilho de alegria nos olhos, o menino tomou a decisão definitiva. Erguendo o objeto e arrastando-o pela areia, puxou-o morro acima até sua casa, a cento e poucos metros de distância.

Lá, seu pai e o irmão mais velho construíam um muro de tijolos no lugar da velha cerca de madeira que fora derrubada pela pior tempestade de que se tinha lembrança. Ao ver seu filho pequeno arfante, arrastando pela grama um grande objeto curvo, ele perguntou:

— O que você tem aí?

— Não sei, pai, encontrei isto na praia. É a coisa mais dura que já vi.

O pai pegou o objeto nas mãos, examinou-o de vários ângulos e concluiu:

— É parte da espinha de uma baleia, a que fica próximo do rabo. Deve ter vindo parar na praia durante a tempestade. Por que trouxe isto para cá?

Com orgulho inocente, o menino anunciou sua excelente ideia:

— Achei que poderia ser usado no muro. É tão forte...

— Ninguém duvida da sua força, filho. Muitos foram os barcos pesqueiros que sentiram no casco o poder desse rabo. Mas estaria fora de lugar aqui no muro. Não tem nada que ver com tijolos nem cimento. Em vez de ajudar, enfraqueceria a estrutura.

Inconformado e infeliz, o garoto resignou-se em levar o objeto de volta à praia.

— Então não serve para nada?

— Não, filho. Apesar de forte, isso valeria no máximo como um curioso objeto de decoração.

De fato, as coisas só têm força e poder quando usadas em seu contexto. Mesmo que eu fosse a pessoa mais paciente do mundo, se a situação exigisse determinação no agir, minha estrutura interior estaria enfraquecida e, por isso, a proteção que teria me proporcionado seria menor. Mesmo que o meu entusiasmo para agir já fosse inquebrantável, se as circunstâncias exigissem calma e perseverança, eu não seria capaz de suportar as pressões.

A meditação ajuda-me a acumular poderes e virtudes espirituais para que estejam à minha disposição quando e onde eu quiser usá-los.

Definições não bastam

Havia mais ou menos uma hora que a reunião não saía do ponto sobre qual dos componentes oferecia menos resistência elétrica. As profundas olheiras refletiam as longas horas que eles estavam debruçados sobre o enigma da supercondutividade, ao qual já dedicavam vários meses de experimentação e discussão.

O líder do grupo, um renomado cientista devido a seus impecáveis métodos investigativos dos segredos da físico-química, sugeriu:

— Estou certo de que, se conseguíssemos aumentar a quantidade de bismuto no composto de óxido, chegaríamos mais perto dos resultados desejados. Pensem no que o sonho da resistência zero nos traria: *chips* ultrarrápidos, eletromagnetos superbaratos e tantas outras coisas.

Sua mente vagava pelas fantásticas possibilidades quando um colega o interrompeu:

— Pessoalmente, estou mais inclinado pelo estrôncio. Seja como for, até onde chegamos até agora?

O professor, arrancado de seus devaneios, sorriu.

— Alcançamos 23 graus de congelamento absoluto e...

De repente, a sala de reuniões do laboratório abriu-se e um assistente, trazendo um telefone sem fio, declarou:

— Professor, telefone para o senhor.

O homem não conseguiu disfarçar sua irritação.

— Eu disse que não queria ser perturbado!

— É urgente, senhor. É sua esposa.

Ele pegou o telefone com má vontade.

— Quantas vezes já lhe disse que não me telefonasse aqui? O que foi desta vez?

— Aconteceu uma coisa terrível — a mulher soluçava do outro lado. — Nosso filhinho foi atropelado por um carro na frente de casa. Ele está deitado e chamei a ambulância, mas não consigo sentir seu pulso.

— Ok. Fique calma. Logo estarei aí.

O telefone escorregou de sua mão quando ele voltou-se para os colegas. Aquele com quem ele estava falando perguntou:

— O que houve? Parece que o senhor viu um fantasma. Professor? Professor?

O homem segurou-se no tampo da mesa e saiu cambaleando da sala sem sequer recolher seus papéis...

Se a busca das leis físicas leva ao profundo entendimento e à utilização da matéria e da energia, nossa vida e nossas esperanças mais profundas caminham num ritmo diferente. De tempos em tempos, somos sacudidos por fatos que desafiam a nossa capacidade intelectual. Quando acontece um imprevisto, precisamos de algo mais que meras definições. Precisamos do poder interior.

A meditação nos ajuda a manter o equilíbrio diante do inesperado. Em dado momento, podemos estar plenamente lúcidos e eficientes quanto às nossas capacidades profissionais e, no momento seguinte, calmos e preparados para lidar com as dificuldades pessoais que porventura surgirem. Existe um poder de concentração superior que controla a tendência à especulação inútil e a paciência de esperar pelos fatos.

comportamento

comportamento

Ser humano anda na Terra.
Anjo não se prende a ela.
Ser humano pensa em si.
Anjo ajuda os outros.
Ser humano vive para a matéria.
Anjo é a própria alma livre.
Ser humano muda de humor.
Anjo sorri.
Ser humano só viaja
pelas circunstâncias.
Anjo vai aonde quiser.
Ser humano é temido pela natureza.
Anjo é amado por ela.
Ser humano pensa ser Deus.
Anjo pensa em Deus.

Manter uma meta elevada

Se quero melhorar minha vida, preciso de uma meta suficientemente inspiradora para guiar meus passos. Atirar a flecha da vida para o futuro, de olhos vendados, pode parecer corajoso, mas nada garante.

Um futuro elevado e realizado se baseia em atitudes concretas tomadas no presente. Se meu ponto de partida reúne uma visão de longo alcance com um objetivo claro e passos firmes, tenho o futuro assegurado.

A motivação para me aperfeiçoar e vencer os obstáculos precisa ser o mais elevada possível, não um simples motivo que surge de um capricho, mas um anseio que parte do fundo do ser.

Eu quero:

1. Voltar a ser o que era originalmente: puro, pacífico e poderoso.
2. Aproximar-me do Ser Supremo, para sentir em mim Sua imagem.
3. Acertar com sabedoria os problemas que criei quando era ignorante.
4. Criar crédito para o futuro ao inspirar outros a se elevar.

A meta acompanha tudo o que faço porque serve de termômetro para cada ato. Ela só se torna realidade se há determinação.

Ser simples

O mundo parece bem complexo e complicado, mas, na verdade, mostra-se dessa forma porque nós somos assim. A complexidade é imposta por nós. As complicações surgem quando procuramos dar explicações superficiais aos atos e aos fatos sem entendimento da causa fundamental dos problemas.

Quanto mais me conheço, mais entendo a natureza básica das coisas e das pessoas.

Invariavelmente, elas estão enraizadas em algum aspecto mais profundo do ser (ou seres) envolvido e requerem abordagem mais essencial deste "eu" e do contexto. Quando o contexto se perde, tem início a criação de redes, que só fazem aumentar o sentimento da escravidão.

Ser simples significa:

1. Ver a essência das coisas, e não a expansão.
2. Sentir-se como um ator na peça ilimitada da existência.

3. Ser claro e honesto, para não criar sequelas de confusão.
4. Ser o mais natural possível, ou seja, pacífico, amoroso e feliz.
5. Manter sua meta de crescimento espiritual acima de tudo.

Falar menos e escutar mais

Às vezes, embriagados pelo som das nossas próprias vozes, falamos, argumentamos e discutimos, sem perceber que não damos aos outros oportunidade de fazer o mesmo. A comunicação entre duas partes é um processo bilateral.

Muitos dos problemas que existem nos relacionamentos surgem da incapacidade de dialogar — que implica falar *e* ouvir. Uma discussão verbal entre duas pessoas acaba se tornando, de fato, dois monólogos.

A comunicação deve ser algo tão simples quanto comer, dormir e vestir-se. Ela une-me ao mundo que me rodeia, às pessoas com quem convivo. Não se resume apenas às palavras, pois adentra o campo dos pensamentos, das vibrações, dos olhares e dos gestos, da postura, enfim, de tudo o que pode emanar/captar algo.

Quando estou expressando algo, preciso me concentrar em:

1. O que estou comunicando está claro para mim?
2. A maneira pela qual me comunico é a ideal?
3. Comunico-me de modo que o outro entenda?
4. Estou aberto para receber o *feedback* ou a reação do outro?

É só após plantar a semente que vem o fruto

Quantas vezes acontece de, apesar de muitos esforços, o resultado desejado ainda parecer distante? Investimos tempo, energia, dinheiro e pensamentos para pôr algum plano em prática, e no momento da prova ele não se concretiza. Certamente, se há falta de empenho anterior, não posso reclamar, e sim reconhecer que não fiz o suficiente. Mas, se aplico considerável quantidade de trabalho e ainda assim permaneço sem sucesso, tenho de ter a coragem de admitir que faltou *qualidade*.

A bicicleta ergométrica também registra a velocidade e os quilômetros rodados, mas as suas rodas não estão em contato com o chão. A ilusão de progresso se dá devido ao esforço, e não ao resultado. Pedalamos muito, mas não saímos do lugar.

Assim, devo sempre verificar se meu egoísmo não está me deixando com as rodas da vida no ar. Posso pedalar sem cessar e não alcançar os verdadeiros objetivos.

Se quero maçã, tenho de plantar maçã, e não manga.

Continuar progredindo

Dicas para seguir em frente:

1. Todas as manhãs, antes de envolver-se em quaisquer atividades, faça meditação para preencher-se de força.
2. À noite, antes de dormir, faça outra meditação para fechar as contas do dia.
3. Fale menos, fale suavemente, com paciência e doçura.
4. Veja cada pessoa como um ser, em sua forma original, eterna e divina.
5. Renuncie ao descuido e à preguiça, nas suas formas grosseiras ou sutis.

6. Desenvolva autoconfiança e fé em si, pois são os maiores de todos os poderes. Continue a aumentar esse poder, isto é, nunca perca a esperança nos esforços.
7. Em todos os momentos, seja comendo seja agindo, torne Deus seu companheiro.
8. Para tornar-se um observador desapegado e ao mesmo tempo eficiente e preciso em tudo, faça o exercício da introspecção pelo menos um minuto por hora.
9. Respeite os outros com a mente e as palavras, amarrando, com isso, fortemente a corda da unidade.

Ninguém coopera com o ego

— Em sua curta visita ao país, Vossa Excelência já deve ter notado que tudo está sob o meu controle.

O rei enfunava-se de orgulho e espiava por cima dos ombros o embaixador de um reino vizinho.

— Sem dúvida, Majestade, sem dúvida — o embaixador não pretendia comprometer-se.

O rei continuou:

— Basta dar uma ordem para que meus súditos a cumpram imediatamente.

— Sem dúvida, Majestade, sem dúvida.

— Vou lhe provar o que estou dizendo. Dedicarei o novo lago ao vosso rei. Estava mesmo esperando uma chance de mostrar quanto aprecio a aliança entre nossos reinos.

Com um gesto pomposo, ele guiou o embaixador ao balcão da sala de reuniões do palácio.

— Reformamos nossos parques e jardins para eu entrar na história como o rei que mais contribuiu para a beleza da cidade. Está vendo aquela grande escavação? Será um dos nossos maiores lagos. Ordenarei ao meu povo que o encha de leite. Amanhã logo cedo o senhor verá como eles obedeceram às minhas ordens.

Quando o sol se pôs, os arautos saíram proclamando que todas as famílias deveriam doar cinco litros de leite que seriam derramados pessoalmente na escavação até o nascer do sol. Quem desobedecesse seria gravemente punido...

A notícia foi recebida na casa do sapateiro com grande consternação. A mulher, que tinha nos braços os filhos gêmeos, lamentou em voz alta:

— Como é possível? Não temos leite nem para nossos filhos, quanto mais para essa ideia maluca do rei. Ele deve ter enlouquecido.

O marido respondeu, mal-humorado:

— Como assim, enlouqueceu? Ele sempre teve parafusos a menos. Como está escuro lá fora, ninguém vai notar se pusermos água em vez de leite. Haverá tolos suficientes para doar leite.

Por toda a noite as pessoas formaram filas ao redor do lago, portando toda a sorte de vasilhas. No dia seguinte, o sol ergueu-se sobre uma cidade cansada. De manhã, o rei bateu à porta do embaixador, que o recebeu esfregando o sono dos olhos. O rei o fez sair no terraço e disse, orgulhoso:

— Agora acredita que os meus leais súditos me obedecem?

Debruçando-se na grade, o embaixador exclamou:

— Mas, Majestade, o lago está cheio de água! Parece que ninguém trouxe leite!

Aqueles que são cheios de si são insensíveis às necessidades das pessoas das quais dependem. Sempre acharão que os outros não estão preparados para fazer sacrifícios sinceros para a realização da sua autoimagem. Somente os que trabalham verdadeiramente pelo benefício daqueles dos quais dependem têm o direito de ser chamados de líder. Eles são capazes de inspirar a doação sincera.

O que você faz?

A fila estava imensa na agência de banco do hospital. Por alguma razão, embora estivesse lotado, apenas um dos quatro caixas estava atendendo.

Uma senhora ofegante e com ar cansado murmurou entre os dentes:

— Meu Deus! Eu só tenho meia hora restando do meu almoço. É sempre assim! Veja. Um caixa só. Nessa velocidade de lesma eu não vou poder pagar meu aluguel hoje.

— Não se preocupe, senhora. Pode ser que comece a andar mais rápido.

Ela olhou para trás para ver quem estava falando. Ficou atônita ao perceber que estava pensando em voz alta. Uma jovem bonita e alta estava na mesma fila. Ela parecia ter todo o tempo do mundo. A sua tranquilidade irritou a senhora ainda mais. Ela falou, exasperada:

— Escute, eu tenho de sofrer esse mesmo vexame todas as vezes que venho aqui. Quando você chegar à minha idade, não vai ter toda essa paciência, não. A vida está cheia de tantos transtornos e imprevistos que não dá para ficar tranquila nunca.

— Mas a senhora não acha que tudo tem de ter alguma razão? As coisas não acontecem por acaso. Pelo menos eu aprendi isso em casa.

— Então, qual seria a razão de obrigar as pessoas a ficar horas em filas? Parece um absurdo para mim.

— Não sei. Talvez para que possam ter um tempo entre uma coisa e outra para respirar, refletir, observar. Faz parte da vida complexa que inventamos para nós.

A senhora olhou penetrantemente a jovem.

— Moça, se você soubesse da vida que eu levei, não estaria com esse sorriso afetado. Eu trabalho neste hospital há trinta anos e é assim que eles tratam seus funcionários. É tudo assim. A gente trabalha tanto, sacrifica o horário de almoço e tem de enfrentar fila aqui, fila ali. É demais.

— O que a senhora faz?

— Eu sou médica ortopedista. Tenho de ajudar a consertar os ossos de um monte de desajeitados que não sabem viver sem acidentes. E você?

— Eu salvo vidas.

— Você é cirurgiã? — ela perguntou surpresa, porque a jovem não tinha mais de 25 anos.

— Não trabalho aqui. Estava visitando minha tia que está doente. Na verdade, eu trabalho no escritório de uma fábrica de incubadoras de bebês prematuros.

Fascinada pela assertividade da jovem, a médica reconheceu.

— Sabe de uma coisa? Você me deu uma grande lição. Aqui estou eu, resmungando de tudo e de todos. Além disso, sou médica. Sua resposta me lembrou o porquê. Você trabalha num escritório e tem muito clara sua missão.

A jovem sorriu e agradeceu.

— Obrigada. Talvez a razão da demora desta fila tenha sido para que tivéssemos essa conversa.

Há duas coisas muito bonitas que podemos aprender dessa história. A primeira é que aquele que vive correndo provavelmente continuará correndo o restante da vida, a não ser que sofra uma mudança de atitude. Não podemos nos fechar numa autodefinição negativa: "Eu sou isso e, portanto, o mundo é aquilo e pronto". Tudo o que acontece na vida simplesmente se perpetua. A autodefinição está intimamente relacionada ao senso de missão pessoal. Quanto mais elevada a missão, mais satisfação podemos tirar da vida. Veja a diferença: a moça do escritório salva vidas e a médica conserta desajeitados.

Uma atitude positiva por causa desse senso de propósito nos deixa mais atentos e preparados para imprevistos. Nunca perdemos tempo em nenhuma situação. Ganhamos uma oportunidade para aprender sempre algo a mais.

Outros Lançamentos da Integrare Editora

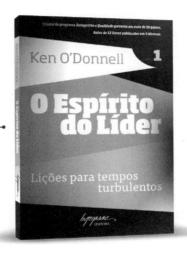

O Espírito do Líder

Lições para tempos turbulentos

Autor: Ken O'Donnell
ISBN: 978-85-99362-36-5
Número de páginas: 160
Formato: 14x21 cm

Outros Lançamentos da Integrare Editora

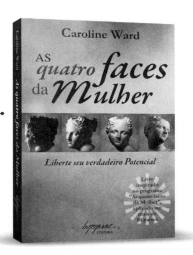

As Quatro Faces da Mulher

Liberte seu verdadeiro potencial

Autor: Caroline Ward
ISBN: 978-85-99362-35-8
Número de páginas: 288
Formato: 14x21 cm